DESPERTAR DEL TERCER OJO

Guía para principiantes para despertar el Tercer Ojo

Taylor Turner

CONTENTS

INTRODUCCIÓN

Si has llegado hasta aquí leyendo este libro, es posible que estés pasando por una fase en la que nada te parece "bien". Puede que se trate de un trabajo infructuoso o de una relación que fracasa, o puede que no tenga nada que ver con acontecimientos externos. En nuestra vida ocurren cosas diferentes, pero cuando no podemos conectar con nuestro yo más íntimo, sentimos que somos extraños a nuestras propias experiencias. Esto puede causar mucho descontento e infelicidad. Entonces, ¿qué te parece hacer un viaje conmigo? La espiritualidad va mucho más allá de la idea de un sabio sentado con las piernas cruzadas meditando en las montañas. Si eso es lo que te apetece, adelante. Pero eso no es todo. Establecer una conexión contigo mismo no requiere que pases por sufrimientos extremos o situaciones de vida terribles. Simplemente requiere fe y disciplina.

Se denomina despertar espiritual a la llamada a una mayor conciencia y atención mental. La transformación personal y el cambio de la visión del mundo y del marco conceptual son el resultado del despertar espiritual.

El despertar espiritual se asocia con un aumento de la conciencia y la capacidad de producir y recibir energía de amor. Conectamos y, en última instancia, nos unimos con partes más elevadas de nosotros mismos principalmente a través de nuestra mente abierta y nuestra conciencia ampliada. Es como si tu conciencia floreciera en una forma más plena y hermosa. Es como si descubrieras un nuevo planeta o escucharas música por primera vez.

A menudo se representa al hombre como una máquina automática preprogramada en la que el operador dormita. Cuando el operador se despierta y toma el control del volante, esto se llama despertar. Durante el despertar espiritual, expandimos nuestra conciencia más allá de nuestro aparente reino físico de actividad. A medida que nos abrimos y vivimos más a través de nuestro corazón, progresamos hacia la conciencia del corazón. De este modo, gradualmente traemos a la conciencia aspectos más elevados de nosotros mismos, como nuestra intuición, alma y Yo Superior (espíritu). Mientras que el alma se refleja a través de nuestra personalidad, el espíritu nos permite establecer contacto con reinos espirituales, con cosas que son más grandes y están más allá de la mera existencia física. Cada vez somos más conscientes de estos aspectos del yo y nos comunicamos con ellos.

Simultáneamente, notamos un cambio progresivo en todos los demás niveles, incluidos el físico, el emocional, el cerebral y el energético/lumínico. Cuando miramos las cosas desde un punto de vista energético, elevamos nuestra vibración energética a medida que progresamos espiritualmente. Todo vibra en cierta medida. La materia, por ejemplo, vibra a un nivel muy bajo en comparación con el sonido y la luz, mientras que los pensamientos y sentimientos amorosos vibran a un nivel muy alto en comparación con los pensamientos y sentimientos egoístas. A medida que elevamos nuestra vibración energética, empezamos a irradiar luz y a elevar la frecuencia energética de todo lo que nos rodea, incluidas las personas y la materia física. Tu corazón, tu mente y tu cuerpo se convierten en portadores celestiales.

El despertar es, en esencia, la muerte del sentido ilusorio de uno mismo. Es un alejamiento intencionado de una identidad falsa que nos devuelve a la esencia de lo que somos. Esta identidad falsa es aquello a lo que te refieres cuando pronuncias la palabra "yo" antes del Despertar. Cuando la gente dice "yo", normalmente se refiere a sí misma como un individuo distinto con un conjunto distinto de experiencias. Esta persona define quién cree que es, a lo que yo me refiero como el ego.

Creemos que somos este yo antes del Despertar, que se percibe a sí mismo como inherentemente distinto de todos y de todo lo demás. La verdad es que todos somos representaciones indiferenciadas e indivisas de la Conciencia Una. Dentro de esta Conciencia Una surge una multiplicidad infinita de experiencias simultáneas, y un elemento común de estas experiencias es un sentido de identidad, un sentido del "yo". Alguien que está "Despierto" ha perdido su sentido central del "yo" (aunque normalmente habrá residuos de ego o "yoes en la sombra" flotando por ahí, con los que se lidiará con el tiempo).

Cuando la gente oye esto por primera vez, suele pensar que alguien que ha perdido el sentido del "yo" ha muerto, se ha vuelto loco o se ha convertido en una persona anodina y superficial. Pero no es así. Considera la siguiente situación: desde que eras un bebé, siempre has creído que eras un reno. Como resultado, has vivido toda tu vida actuando como un reno lo mejor que has podido.

Cuando tenías hambre, comías hierba del césped; en vez de hablar, resoplabas y agitabas tu melena imaginaria; y si alguien te enfurecía, te esforzabas por embestirle con los cuernos que te brotaban ostensiblemente de los lados de la cabeza. Serías un adulto que sólo se había conocido a sí mismo como reno a los treinta años. Si se te ocurriera que, después de todo, podrías no ser un reno, la idea sería aterradora: imaginar cómo sería no ser un reno después de tantos años sería prácticamente imposible. A pesar de tus temores, es evidente que te conviene desprenderte de tu identidad de reno y vivir como quien realmente eres. Si finalmente te vieras como un ser humano, es posible que al principio no supieras cómo actuar porque nunca antes te habías comportado como tal, y todos tus rasgos de reno estarían profundamente arraigados en tu comportamiento. Puede que tardes algún tiempo en darte cuenta plenamente de tu humanidad, y probablemente seguirías actuando como un reno mientras tanto, pero la ilusión se ha roto. Eres muy consciente de que eres humano, y sólo será cuestión de tiempo que empieces a actuar como tal. Puede que sea un proceso difícil, pero por muy feliz que pensaras que eras como reno, sin duda necesitas pasar por esta transformación por tu propio bienestar mental y emocional. Obviamente, se trata de un ejemplo extremo y extravagante, pero demuestra bien lo que quiero decir.

Así que, a medida que avancemos, te darás cuenta de que despertar tu ser interior es la clave para comprender quién eres realmente y cuál es tu propósito en la vida. Puede que te hayas engañado viviendo tu vida en función de ciertos aspectos específicos. Es hora de cambiar eso y comprender y aceptar tu verdadero ser.

CAPÍTULO 1: ¿QUÉ ES EL TERCER OJO?

El *ajna chakra*, para entenderlo desde un punto de vista espiritual, es el tercer ojo. Nuestro cuerpo tiene siete centros de energía donde se unen puntos nerviosos. El *ajna chakra* es un lugar de energía situado entre nuestras cejas. Este punto está relacionado con la intuición, o la capacidad de detectar cosas más allá de los cinco sentidos.

Las glándulas pituitaria e hipotálamo están asociadas al *ajna chakra*. Cuando nuestro cerebro percibe cosas diferentes, emite ondas distintas.

Cuando nos sentimos en paz, relajados o profundamente felices, producimos ondas alfa. Las vibraciones de las ondas alfa son más tranquilas y actúan como un sonar. Se sabe que los cerebros de los delfines tienen un alto nivel de función de ondas alfa, lo que les ayuda en su navegación por el mar. Su sonar funciona de forma similar al de un submarino. Físicamente, la suavidad de las glándulas pituitaria e hipotalámica permite la propagación de las ondas alfa.

Las ondas más potentes son las gamma, que pueden sentirse en un estado meditativo profundo conocido como *samadhi*.

Cuando nuestro cuerpo está en sintonía con la naturaleza, nuestro cerebro produce ondas alfa. Cuando el comportamiento y los pensamientos de una persona están en sintonía con la naturaleza, todo su ser se siente como si formara parte del cosmos. Como resultado, cuando la actividad de las ondas alfa de una persona es alta, la naturaleza le revela ciertas cosas. Esto se conoce comúnmente como intuición. La experiencia de la emisión de ondas gamma sólo se produce cuando tenemos emisiones frecuentes de ondas alfa en nuestro cuerpo sutil, la expresión interna de nuestro ser. El *chakra ajna* se activa con las emisiones de ondas gamma. Sentimos una sensación de ligereza en la cabeza cuando se activa el tercer ojo.

El *ajna chakra* es el sexto de los siete centros de energía de los chakras. La libertad de pensamiento y de palabra se produce cuando este chakra está en equilibrio. Cada chakra está vinculado a un color concreto, del mismo modo que vinculamos nuestros meses de nacimiento a determinadas piedras. El índigo es el tono que mejor representa este chakra. Los tonos azul real o azul oscuro están vinculados con la divinidad interior. Por lo tanto, el índigo también permite acceder a lo Divino. El color índigo se asocia con la sabiduría y el conocimiento interior. Aporta claridad a los cinco sentidos del cuerpo. El índigo es un color que favorece la transición de la energía de los chakras inferiores a vibraciones espirituales superiores.

Este Chakra está firmemente vinculado a la sabiduría suprema y a la iluminación espiritual. Es un conducto hacia la conciencia superior y canaliza la energía hacia la sabiduría universal.

El chakra del tercer ojo está situado en el centro de la cabeza, entre las cejas. El tercer ojo proporciona una visión del futuro, mientras que los dos ojos físicos observan el presente. Nuestros ojos físicos son también los mapas de nuestro pasado, porque el pasado y el presente están intrínsecamente ligados; el primero no puede existir sin la formación del segundo. A través de la visión interior, este chakra establece una conexión con el mundo exterior. Centrarnos en el tercer ojo nos inspira a elevarnos por encima de la lujuria y las diversiones mundanas. *Ajna* significa "percepción", pero también puede implicar "tomar conciencia de" y "controlar".

Cuando este Chakra está desequilibrado, eres más propenso a la rigidez, la ira, el juicio y la no aceptación de personas y situaciones que son diferentes. Un Chakra del Tercer Ojo bloqueado también te hace temer el logro real y la consecución de tus objetivos, ya que tendrás que renunciar a tu identidad y convertirte en otra persona en el proceso.

Cuando tu *ajna chakra* está en armonía, puedes observarte y comprenderte con precisión. Tendrás la capacidad de tomar las mejores decisiones y hacer juicios precisos de las personas y las situaciones. Podrá ver la "verdad" que nos rodea simplemente utilizando el poder de su mente y su intuición.

Sin embargo, ¡demasiado de algo bueno puede convertirse en malo! Puedes vivir en un mundo de fantasía si tu *chakra ajna* está hiperactivo. Puedes desconectarte de la realidad y tener dificultades para vivir tu vida. Puedes creer que la vida es injusta y que el mundo tiene la culpa de tus problemas. Esto puede causar desorientación, depresión y problemas de concentración. Incluso puede tener alucinaciones y malinterpretar situaciones cotidianas. Puede volverse crítico y excesivamente analítico en sus pensamientos.

Cuando su *ajna chakra* está inactivo, le resultará difícil pensar por sí mismo y confiará en las autoridades para que tomen decisiones por usted. Crearás una mentalidad rígida y depositarás una fe excesiva en tus opiniones, lo que hará que te confundas con facilidad. Es probable que le cueste comprender el lado espiritual de las cosas y ver el vínculo entre su yo interior y exterior. Esto conduce a una falta de empatía hacia los que te rodean, lo que nubla tu visión y dificulta la visión de una vida que deseas vivir.

Entonces, ¿cómo sabes que estás en el proceso de activación del tercer ojo? Tienes una sensación. Estás paseando por el bosque y tienes la opción de tomar uno de dos caminos. Tu instinto te dice que estás en el camino correcto. O tal vez te suena el teléfono y sabes quién es la persona que llama sin mirar. Conoces a alguien y tu intuición te dice que no es de fiar. La intuición es una herramienta poderosa. Todas estas situaciones tienen algo que ver con el tercer ojo. Sin duda, entrarás en contacto con situaciones similares a medida que progreses espiritualmente. Cuanto más se abre tu tercer ojo, más intuitivo te vuelves.

Lleva tiempo abrir el tercer ojo. Al principio, es posible que sientas cierta presión entre los ojos, donde se encuentra el tercer ojo. No dejes que esto te preocupe, porque no es permanente.

Tus sueños serán más vívidos y puede que los recuerdes mejor mientras tu tercer ojo esté en proceso de activación. También es posible que empieces a tener muchas experiencias de déjà vu. Es probable que comience a sentirse más creativo, sentirá el impulso de salir a la naturaleza y empezará a notar que su sentido de la intuición se agudiza día a día.

Estos son sólo algunos de los fenómenos que puedes experimentar después de activar tu *Ajna Chakra*. En el próximo capítulo, exploraremos la historia del tercer ojo para comprender mejor su papel en las líneas de pensamiento religiosas, espirituales y filosóficas.

CAPÍTULO 2: HISTORIA DEL TERCER OJO

Henri Ellenberger (1970) exploró las primeras aportaciones occidentales al campo de la psiquiatría en su descomunal obra *El descubrimiento del inconsciente*. El título subraya que, a pesar de que el inconsciente siempre está presente, la mayoría de las veces ignoramos sus funciones y su presencia.

Los psicoanalistas Sigmund Freud y Carl Jung destacan en el siglo XX. Sus escritos se discuten con frecuencia y tienen muchos sitios web dedicados a ellos. Las nociones de ego, id y superego fueron introducidas por Sigmund Freud, el fundador del psicoanálisis. Desarrolló estos conceptos junto con la dicotomía consciente-inconsciente. El método de Jung es bastante más complicado, ya que introduce nociones como el inconsciente colectivo y los arquetipos.

En su obra de principios del siglo XIX, *El mundo como voluntad y representación* (1819), Arthur Schopenhauer asoció la voluntad humana con el inconsciente. En esencia, Schopenhauer sostenía que la irracionalidad del hombre es atribuible sobre todo a las energías oscuras y profundamente ocultas del inconsciente. Se trata de impactos de los que el hombre corriente ni siquiera es consciente. Carl Gustav Carus (1846) propuso la primera noción de inconsciente en su obra *Psyche*. Dessoir (1890) defendió el ego gemelo en sus reflexiones sobre la psique humana. Según su definición, existe una conciencia superior y una conciencia inferior (presumiblemente inconsciente). Aún más intrigante es la investigación de Theodore Flournoy (1899), que indagó en los orígenes inconscientes de comunicaciones que anteriormente se suponía que procedían del reino espiritual. Theodor Lipps (1896) propuso que las imágenes del pasado están activas en uno mismo sin que uno sea consciente de su presencia y actividad. Fue él quien acuñó la analogía del inconsciente como montañas sumergidas y la consciencia como sus picos expuestos. Utilizando este paralelismo, argumentó que el inconsciente es una cuestión psicológica.

René Descarte destacó la importancia de la glándula pineal en sus cartas, en su primera obra, el *Tratado del Hombre* (1633), y en su último libro, *Las pasiones del alma* (1649). En su opinión, la glándula pineal es la sede misma del alma humana debido a su ubicación central en el cerebro.

La glándula pineal está situada en el centro del cerebro, entre los dos hemisferios. La glándula pineal está compuesta principalmente por pinealocitos, que generan melatonina, y células gliales, un tipo de célula cerebral que sirve de soporte a las neuronas.

En *Las pasiones del alma*, Descartes divide al hombre en un cuerpo y un alma, subrayando que el alma está unida a todo el cuerpo a través de una pequeña glándula situada en medio de la sustancia cerebral. Descartes valoraba la glándula porque creía que era la única parte del cerebro que había evolucionado como una sola unidad y no como la mitad de un par.

La glándula pineal, de hecho, ha sido un componente de la civilización humana desde la antigüedad. Los extensos escritos de Galeno (circa 130 d.C.-circa 210 d.C.), médico y filósofo griego que pasó la mayor parte de su tiempo en Roma y cuyo sistema influyó en el pensamiento médico hasta el siglo XVII, incluyen la primera caracterización de la glándula pineal e ideas relativas a sus actividades.

Galeno describió la glándula pineal en el octavo volumen de su tratado anatómico sobre la eficacia de las partes del cuerpo. Mencionó que toma su nombre de los frutos secos que se encuentran en las piñas de piedra. La llamó glándula por su aspecto y afirmó que cumple la misma función que todas las demás glándulas del cuerpo: Ayudar a los vasos sanguíneos.

Para comprender el resto de la exposición de Galeno, conviene tener en cuenta los dos puntos siguientes. Para empezar, su nomenclatura difería de la nuestra. Consideraba que los ventrículos laterales del cerebro eran un ventrículo par, al que denominó ventrículo anterior. En consecuencia, denominó al tercer ventrículo ventrículo intermedio y al cuarto ventrículo ventrículo posterior. En segundo lugar, creía que estos ventrículos estaban llenos de "pneuma psicológico", un fluido delicado, volátil, aéreo o vaporoso al que se refería como "el primer instrumento del alma".

Galeno se esforzó mucho por rebatir un punto de vista que parecía ser popular en la época, pero cuyos autores o defensores no nombró. Según ellos, la glándula pineal gobierna el flujo del pneuma psíquico en el canal entre los ventrículos medio y posterior del cerebro, del mismo modo que el píloro regula el paso de los alimentos del esófago al estómago. Galeno criticó esta hipótesis porque la glándula pineal está conectada al exterior del cerebro y no puede moverse por sí misma. Afirmó que el "apéndice en forma de gusano" [epífisis o apófisis] del cerebelo (ahora conocido como vermis superior cerebelli) es mucho más capaz de desempeñar esta función.

Las opiniones de Galeno se ampliaron o modificaron con frecuencia, a pesar de que fue la autoridad médica indiscutible hasta el siglo XVII. La inclusión de una teoría de localización ventricular de las capacidades psicológicas a la explicación del cerebro de Galeno es un ejemplo temprano de este hecho. Posidonio de Bizancio (finales del siglo IV de nuestra era) aportó la primera hipótesis de este tipo, afirmando que la imaginación es atribuible a la parte anterior del cerebro, la razón al ventrículo medio y la memoria a la parte posterior del cerebro. Nemesio de Emesa, unas décadas más tarde, fue más explícito al afirmar que el ventrículo anterior es el órgano de la imaginación, el ventrículo medio es el órgano de la razón y el ventrículo posterior es el órgano de la memoria. Hasta mediados del siglo XVI, esta última noción era prácticamente aceptada por todos, pero existían muchas variaciones.

Según Descartes, el cuerpo no es más que una estatua o máquina que Dios ha creado. El funcionamiento de estos cuerpos puede explicarse completamente en términos mecánicos. Descartes intentó demostrar que tal explicación estructural puede explicar mucho más de lo que cabría esperar, ya que puede explicar la absorción de los alimentos, el funcionamiento del corazón y las arterias, la nutrición y el crecimiento de los miembros, la respiración, la vigilia y el sueño, y la recepción de la luz, los sonidos, los olores, los sabores, el calor y otras cualidades semejantes por los órganos de los sentidos externos. Por tanto, no consideraba que nuestro cuerpo fuera más que un vehículo para diferentes actividades.

Descartes subrayó que el alma está unida a todo el cuerpo justo antes de mencionar por primera vez la glándula pineal: "Debemos reconocer que el alma está verdaderamente unida a todo el cuerpo, y que no podemos decir con propiedad que exista en una parte del cuerpo con exclusión de las demás", dijo. Dado que los órganos están tan estrechamente interconectados entre sí que la extirpación de cualquiera de ellos hace que todo el cuerpo resulte defectuoso, el cuerpo es una unidad en cierto modo indivisible. Y el alma es de tal naturaleza que no tiene relación con la extensión, las dimensiones u otros atributos de la materia que compone el cuerpo: sólo está vinculada a todo el conjunto de órganos. Esto es evidente en nuestra incapacidad para comprender la mitad o un tercio de un alma, o el espacio que ocupa un alma. El alma no se encoge cuando se elimina una parte del cuerpo, pero sí se distingue totalmente del cuerpo cuando se desmantelan los órganos de éste. A pesar de que el alma está conectada a todo el cuerpo, hay una parte del cuerpo en la que realiza sus actividades de forma más específica que en el resto. El corazón o todo el cerebro no son las partes del cuerpo donde el alma realiza directamente sus tareas. Se trata de la región más interna del cerebro, que es una glándula diminuta suspendida sobre la vía a través de la cual los espíritus de las cavidades anteriores del cerebro se conectan con los de las cavidades posteriores del cerebro. Los más pequeños movimientos de esta glándula pueden tener un impacto significativo en la ruta de estos espíritus, y cualquier cambio en la ruta de los espíritus, por pequeño que sea, puede tener un impacto significativo en los movimientos de la glándula.

Descartes creía que nuestras opiniones sobre la gravedad se formaban a partir de nuestra comprensión del alma. El relato de Descartes incluía la glándula pineal, que intervenía en las sensaciones, la imaginación, la memoria y la causalidad de los movimientos corporales.

Hasta la segunda parte del siglo XIX, apenas se avanzó en la investigación científica de la glándula pineal. En ese momento, varios investigadores propusieron que la glándula pineal era una reliquia filogenética, un vestigio de un tercer ojo dorsal. Esta tesis, en una versión modificada, sigue siendo ampliamente aceptada en la actualidad. Los científicos también llegaron a la conclusión de que la glándula pineal es un órgano endocrino. En el siglo XX, esta hipótesis quedó demostrada sin lugar a dudas. En 1958 se descubrió la melatonina, una hormona liberada por la glándula pineal. La melatonina se segrega en un patrón diurno, lo que resulta intrigante dado que se cree que la glándula pineal es un vestigio del tercer ojo. En la década de 1990, la melatonina fue considerada un "medicamento milagroso" y se convirtió en uno de los suplementos más populares. En el siglo XX, los filósofos de la ciencia reflexionaron mucho sobre la historia de la investigación de la glándula pineal, aunque esta exploración fue efímera.

La glándula pineal mantuvo su elevado estatus en el dominio de la pseudociencia a medida que la filosofía la degradaba a simplemente otra porción del cerebro y la ciencia la analizaba como una glándula endocrina entre muchas otras. Madame Blavatsky, la creadora de la teosofía, relacionó el "tercer ojo" descubierto por los anatomistas comparativos de su época con el "ojo de Shiva" de "los místicos hindúes", concluyendo que el cuerpo pineal del hombre moderno es un residuo atrofiado de este "órgano de visión espiritual". Esta noción sigue siendo hoy ampliamente aceptada en los círculos espirituales.

La reputación del tercer ojo va mucho más allá de sus características materiales, y sus significados espirituales adquieren trascendencia. La telepatía, la adivinación, los sueños lúcidos y la proyección astral son posibles con un tercer ojo desarrollado.

Dado que el tercer ojo es la base de todas las capacidades psíquicas, ninguna enseñanza espiritual está completa sin doctrinas sobre él. Ninguna conexión espiritual es concebible sin un fuerte dominio de este Chakra, sin el cual estamos condenados a una prosaica existencia tridimensional. Ciertos ejercicios pineales fueron concebidos en el antiguo Egipto, cuando el desarrollo psíquico estaba en su apogeo.

Sé que ha sido un poco pesado, pero el contexto te ayuda a comprender que no estás solo en tu búsqueda de la divinidad. Otros han venido antes que tú, han investigado y debatido y han sentado las bases para que puedas dar tus pasos hacia la actualización de tu verdadero ser. Pasemos ahora a examinar los demás chakras de nuestro cuerpo y lo que podemos hacer para mantenerlos en equilibrio.

CAPÍTULO 3: LOS OTROS CHAKRAS

Si acabas de empezar, aprender a abrir el tercer ojo no es algo que puedas hacer en una tarde: requiere mucho tiempo y esfuerzo, incluido el establecimiento de una base sólida. Es crucial crear la base energética de los cinco primeros chakras, empezando por la raíz, antes de abrir el tercer ojo. Intentar despertar el tercer ojo antes de trabajar con los cinco chakras inferiores es como aprender a saltar antes de ser capaz de mantenerse sobre dos pies. De hecho, activar prematuramente el tercer ojo puede provocar una crisis espiritual, que suele malinterpretarse como psicosis.

Dicho de otro modo, si abrir el tercer ojo es tu objetivo final, es hora de empezar a limpiar y equilibrar los demás chakras. Una vez hecho esto, puedes empezar a trabajar en la apertura del sexto chakra. Pero ten en cuenta que esto lleva tiempo, así que ten paciencia contigo mismo mientras avanzas.

Entonces, ¿cuáles son los otros *chakras* en los que hay que centrarse?

El Chakra Raíz

La base de la columna vertebral, el suelo pélvico y las tres primeras vértebras están conectados con el *chakra raíz*. Considera tu *chakra raíz* (también conocido como *Muladhara* en sánscrito) como los cimientos de tu casa (en este caso, la casa es tu cuerpo). Cuando está en equilibrio, es sólido, estable y proporciona apoyo. En consecuencia, se encarga de tu sensación de seguridad y supervivencia. También está vinculado a todo lo que utilizas para conectarte a tierra, como necesidades esenciales como comida, agua, refugio y seguridad, así como necesidades emocionales más profundas como sentirte seguro. Como ya sabrás, cuando estas necesidades están cubiertas, es menos probable que te sientas ansioso o preocupado.

Según los creyentes, los bloqueos pueden causar diversas enfermedades, como problemas de ansiedad, estrés y pesadillas. Físicamente, el primer *chakra* está relacionado con trastornos del colon, la vejiga y la eliminación, así como con trastornos lumbares, de las piernas y los pies.

El *chakra raíz*, como cualquier otro *chakra*, puede estar poco activo o hiperactivo. Si está poco activo, puede estar cerrado o bloqueado de alguna manera, o puede no estar girando con eficacia. Como resultado, podemos sentirnos preocupados, inquietos e inseguros o, en otras palabras, sin conexión a tierra. Cuando las energías están hiperactivas, es como si hicieran horas extras y se vincularan de forma enfermiza al mundo físico y material. Un chakra raíz hiperactivo se manifiesta en un exceso de placeres corporales como la comida o el sexo, en una conexión excesiva con el dinero y en una obsesión por sentirse seguro.

Ejercicio para equilibrar el chakra raíz: Postura de la montaña (*Tadasana*)

La Postura de la Montaña, piedra angular de todas las posturas de pie, es una excelente postura de descanso o ayuda para mejorar la postura.

Paso 1: Colóquese de pie con los dedos gordos de los pies tocándose y los talones ligeramente separados (de modo que los segundos dedos queden paralelos). Levante y estire los dedos y las puntas de los pies antes de apoyarlos suavemente en el suelo. Balancéese de un lado a otro y de un lado a otro. Detenga gradualmente el balanceo equilibrando el peso uniformemente sobre ambos pies.

Paso 2: Contraiga los músculos de los muslos y eleve las rodillas sin apretar la parte inferior del estómago. Levante los tobillos para fortalecer los arcos internos y, a continuación, visualice una línea de energía que va desde el interior de los muslos hasta la ingle, luego a través del torso, el cuello y la cabeza, y sale por la coronilla. A continuación, con un ligero giro hacia dentro de la parte superior de los muslos, levante el pubis hacia el ombligo y extienda el coxis hacia el suelo.

Paso 3: Empuje los omóplatos hacia la espalda, luego ensánchelos y suéltelos por la columna. Levante la parte superior del esternón en línea recta hacia el techo sin forzar las costillas delanteras inferiores hacia delante. Aumente la anchura de las clavículas. Coloque los brazos a lo largo del torso.

Paso 4: Con la parte inferior de la barbilla paralela al suelo, la garganta suave y la lengua ancha y plana sobre el suelo de la boca, equilibre la parte superior de la cabeza directamente sobre el centro de la pelvis. Relaje la mirada.

Paso 5: Tadasana es el punto de partida más común para todas las posturas de pie. Sin embargo, practicar Tadasana como postura independiente es beneficioso. Mantén la postura de 30 segundos a 1 minuto, respirando normalmente.

El chakra sacro

Este *chakra* está situado encima del hueso púbico y justo debajo del ombligo. *Svadhisthana*, o el segundo *chakra*, es el centro de energía creativa y sexual del cuerpo, y alberga nuestras emociones, pasiones y placeres, las cosas que nos sacian emocionalmente y nos proporcionan deleite. Probablemente se sentirá de maravilla cuando su *chakra sacro* esté alineado. Esto significa que se siente extrovertido, entusiasta y exitoso, y que exuda sentimientos de bienestar, afluencia, placer y alegría.

Su *chakra sacro* puede estar desalineado si se siente sin inspiración artística o tiene inestabilidad emocional. Del mismo modo, esto puede estar relacionado con la disfunción sexual física, así como con el miedo al cambio, la desesperación o comportamientos similares a la adicción. Si su *chakra sacro* está poco activo, puede tener una libido baja, falta de alegría de vivir o problemas hormonales y de fertilidad. Cuando está hiperactivo, es más probable que desarrolle adicciones, sexuales o de otro tipo, y es más probable que tenga muchos altibajos emocionales.

Ejercicio para equilibrar el chakra sacro: Postura de la Diosa

La postura de la Diosa nos anima a conectar con nuestro interior femenino divino, armonizando nuestra fuerza y determinación con una profunda sabiduría interior.

Precaución: Si tiene alguna lesión en las caderas, piernas, tobillos o pies, esta posición puede no ser adecuada para usted.

Paso 1: Da un paso grande y abierto con el pie derecho hacia la parte posterior de la esterilla, comenzando en Tadasana (una postura cómoda de pie con los pies a la anchura de las caderas y paralelos en la parte superior de la esterilla). Forma un ángulo de 45 grados con los dedos de los pies. Los practicantes avanzados pueden empezar a alinear los talones con los dedos de los pies (y el borde largo de la esterilla).

Paso 2: Doble las rodillas de modo que caigan directamente sobre los tobillos, moviendo las rodillas hacia el segundo y tercer dedo de cada pie. Mientras trabaja el tronco, baje el coxis y hunda las caderas. Acerque el ombligo a la columna levantando el suelo pélvico.

Paso 3: Separe los dedos y extienda los brazos hacia delante, dejando que los dedos meñiques giren hacia dentro. Los omóplatos pueden deslizarse por la espalda cuando las manos se miran.

Paso 4: Alargar la columna elevando el centro del corazón y llevando las costillas flotantes hacia dentro.

Paso 5: Respire profundamente durante cinco minutos, con la espiración ligeramente más larga que la inspiración.

Para variar, coloque las manos en los muslos y gírelas. Inhale profundamente hacia el estómago. Exhala y lleva el hombro derecho al centro del cuerpo, con los ojos pasando por encima del hombro izquierdo. Inhale hacia el ombligo y exhale por el centro. Luego exhala y mira por encima del hombro derecho, dejando caer el hombro izquierdo hacia el centro.

El chakra del plexo solar

Se dice que este *chakra* controla todo lo relacionado con el metabolismo, la digestión y el estómago, desde el ombligo hasta aproximadamente la caja torácica. El tercer *chakra*, cuyo nombre sánscrito es *Manipura*, que significa "gema lustrosa", se considera la fuente del poder personal. La fuerza de voluntad individual, el poder personal y la devoción están controlados por este chakra.

Puedes experimentar baja autoestima, dificultades para tomar decisiones y problemas de ira o control si está obstruida. No se trata sólo de sentirse fatal con uno mismo; también puede dar lugar a muestras externas de apatía, procrastinación o la sensación de ser explotado con facilidad. También es posible que experimentes algún tipo de dolor de tripas, como problemas digestivos o gases.

Si el chakra del plexo solar está obstruido, lucharemos contra la duda sobre nosotros mismos y sobre cómo ser más elevados y verdaderos. Por otra parte, los indicadores de un plexo solar hiperactivo incluyen un ego desenfrenado, que se manifiesta como una conducta egoísta y ávida de poder, así como un comportamiento maníaco y una energía hiperactiva.

Ejercicio para equilibrar el chakra del plexo solar: Postura del Barco (*Navasana*)

La postura del Barco requiere que coordines la actividad de las extremidades y el torso, al tiempo que fortaleces la columna vertebral. Te educará sobre tu respiración, tu capacidad de atención, tus emociones y, tal vez, tu propia personalidad. Incluso una postura sencilla como la Navasana puede llegar a penetrar en tu Ser -tu núcleo más íntimo- más allá de los músculos, nervios, articulaciones y órganos. El estómago se mueve hacia la columna, la columna se mueve hacia delante para sostener la parte delantera del tronco, y los omóplatos bajan y se meten hacia el pecho mientras éste se expande, y los brazos y las piernas permanecen firmes. La postura del barco completo te hará sentir fuerte y flexible, así como psicológica y emocionalmente estable, gracias a la integración de todas las partes del cuerpo.

Paso 1: Comience doblando las rodillas y apoyando los pies en el suelo en posición sentada. Levante los pies del suelo. Al principio, mantenga las rodillas flexionadas. Asegúrese de que las espinillas estén paralelas al suelo. Esta es la posición de medio bote. Aunque su torso caerá naturalmente hacia atrás, no permita que su columna se redondee.

Paso 2: Si puedes hacerlo sin poner en peligro la integridad de la parte superior del cuerpo, endereza las piernas hasta formar un ángulo de 45 grados. Mantén la forma de V con las piernas manteniendo el torso lo más erguido posible.

Paso 3: Con las palmas de las manos hacia arriba, lleve los hombros hacia atrás y estire los brazos casi paralelos al suelo. Para mantener el equilibrio, concéntrate en elevar el pecho.

Paso 4: Respira profundamente al menos cinco veces.

Paso 5: Exhale y suelte las piernas. A continuación, respira hondo y siéntate.

El chakra del corazón

El corazón, la glándula timo (que desempeña un papel fundamental en los sistemas endocrino y linfático), los pulmones y los senos están encapsulados en el chakra del corazón, situado en el centro del pecho. El cuarto chakra (o Anahata) significa el encuentro de los mundos físico y espiritual como chakra central. Y, como su nombre indica, tiene que ver con el amor. Es un chakra espiritual que rige el perdón, el servicio y la conciencia espiritual. Se dice que el amor y la compasión fluyen con facilidad cuando el chakra del corazón está conectado y equilibrado, tanto para emitirlos como para recibirlos.

La pena, la rabia, la envidia, el miedo al rechazo y la animosidad hacia uno mismo y hacia los demás pueden ser el resultado de un chakra del corazón cerrado. Cuando este chakra está poco activo, podemos cerrarnos emocionalmente y tener dificultades para perdonar y olvidar las heridas del pasado. Como resultado, puede resultar difícil ofrecer y recibir amor, lo que afecta negativamente a nuestras relaciones.

Podemos volvernos excesivamente afectuosos si este chakra está hiperactivo. A primera vista, esto puede no parecer un problema, pero a menudo es una tapadera para la codependencia.

Ejercicio para equilibrar el chakra del corazón: Perro hacia arriba

Urdhva Mukha Svanasana (Perro mirando hacia arriba) es una postura energizante que fortalece los brazos y las piernas al tiempo que abre el pecho y los hombros. Es la base de los Saludos al Sol y se utiliza con frecuencia en sesiones de flujo entre otras posturas. Cuando se practica el Perro mirando hacia arriba, es fundamental vincular la respiración al movimiento, ya que la respiración anima e ilumina la postura al tiempo que abre el corazón.

Paso 1: Túmbate boca abajo en el suelo con las piernas separadas unos centímetros hacia atrás. La parte superior de los pies debe descansar sobre la colchoneta; no entierres los dedos de los pies en la colchoneta, ya que esto hará que la columna vertebral se contraiga.

Paso 2: Coloque las manos en el suelo junto a las costillas inferiores, al lado del cuerpo. Aprieta los codos contra la caja torácica y apunta con las puntas de los dedos hacia la parte superior de la esterilla.

Paso 3: Inhale mientras presiona firmemente las manos contra el suelo. Estira los brazos y levanta el torso y las piernas del suelo unos centímetros. *Chaturanga* es otra forma de adoptar la postura (plancha baja). Lleva el cuerpo hacia delante desde *Chaturanga* apretando las palmas de las manos y girando sobre los dedos de los pies. Estire los brazos y alinee los hombros directamente sobre las muñecas.

Paso 4: Presione firmemente la parte superior de los pies. Mantenga los muslos elevados del suelo contrayendo firmemente los músculos de las piernas. Mantenga una relación paralela entre los codos y el cuerpo. Levante el pecho hacia el cielo y deje caer los hombros lejos de las orejas.

Paso 5: Lleve los hombros hacia atrás y el corazón hacia delante, pero no haga crujir el cuello. Incline la cabeza hacia el cielo si su cuello es flexible. De lo contrario, mantenga una posición neutra de la cabeza y la mirada fija. Los muslos deben ser fuertes y estar inclinados hacia dentro. Tus brazos también deben ser sólidos y estar ligeramente girados hacia delante, con los pliegues de cada codo mirando al frente.

Paso 6: Estire los brazos sólo hasta donde se lo permita el cuerpo. A medida que progreses en la práctica, profundiza en el estiramiento evitando esforzarte para llegar a una flexión dorsal más profunda.

Paso 7: Active los omóplatos presionándolos contra la parte superior de la espalda. Sujete firmemente los costados con los codos. Eleve el corazón y ensanche las clavículas. Desliza los hombros hacia atrás y aléjalos de las orejas. La longitud de la flexión dorsal debe distribuirse uniformemente por toda la columna vertebral.

Paso 8: Mantenga la postura hasta 30 segundos. Exhala mientras bajas el torso y la frente hacia la esterilla para soltarte.

El chakra de la garganta

La tiroides, la paratiroides, la mandíbula, el cuello, la boca, la lengua y la laringe están conectados anatómicamente con el *chakra de la garganta*. Su quinto *chakra*, que tiene que ver con decir su verdad interior -o, más concretamente, con asegurarse de que sus verdades interiores se comunican adecuadamente- probablemente esté bien equilibrado si no tiene problemas para expresarse. El chakra de la garganta, también conocido como *Vishuddha* en sánscrito, se encarga de toda la comunicación. Es el primero de los tres chakras que son completamente espirituales (a diferencia de los inferiores, que se manifiestan de forma más física). Cuando este chakra está equilibrado, puedes escuchar, hablar y expresarte con claridad.

Cuando el *chakra de la garganta* está poco activo, puede resultar difícil expresarse correctamente. Es posible que se trague físicamente sus palabras y, con ellas, sus verdaderos sentimientos. Además de tener dificultades para decir la verdad, es posible que le cueste prestar atención y mantenerse concentrado, o que tenga miedo de ser juzgado por los demás, lo que puede dificultar aún más ser uno mismo. El dolor de garganta, las dificultades tiroideas, las molestias en el cuello y los hombros o los dolores de cabeza por tensión son síntomas de bloqueo.

Hablar demasiado, ser extremadamente dominante en las conversaciones y criticar o juzgar en exceso a los demás son signos de un chakra de la garganta sobrecargado.

Ejercicio para equilibrar el chakra de la garganta: Postura del pez

La postura de yoga de flexión de espalda Postura del Pez (*Matsyasana*) expande el pecho, el cuello y el abdomen. A menudo se utiliza como contraposición a la postura de los hombros (*Sarvangasana*), ya que alivia la presión sobre el cuello y la columna vertebral, pero también es un estiramiento profundo con numerosas ventajas.

Paso 1: Empieza tumbándote boca arriba con las piernas estiradas y los brazos apoyados junto al cuerpo, con las palmas hacia abajo.

Paso 2: Para producir un arco en la parte superior de la espalda, presione los antebrazos y los codos contra el suelo y levante el pecho. Levante la parte superior del pecho y los omóplatos del suelo. Incline la cabeza hacia atrás y toque el suelo con la coronilla.

Paso 3: Siga ejerciendo presión con las manos y los antebrazos. Apenas debe ejercerse presión sobre la cabeza. A través de los talones, empuje hacia fuera.

Paso 4: Respire profundamente cinco veces y mantenga la respiración. Para salir de la postura, levante la cabeza del suelo presionando fuertemente con los antebrazos. A continuación, mientras baja el torso y la cabeza hacia el suelo, exhale. Lleva las rodillas hacia el pecho durante unas cuantas respiraciones en la postura de las rodillas al pecho (*Apanasana*), luego estira las piernas y descansa.

El Chakra Coronario

Por último, antes de pasar al *chakra del tercer ojo*, tenemos el *chakra de la coronilla*. El *chakra coronario*, también conocido como *Sahasrara* o el *chakra de* los "lotos de mil pétalos" en sánscrito, es el centro de la iluminación y nuestro vínculo espiritual con nuestro yo superior, el yo superior de los demás y, en última instancia, con lo divino. Cuando este chakra está en equilibrio, se considera que el despertar espiritual se produce en la línea de la conciencia pura, indivisa y abarcadora. Básicamente, eres más grande que tu ser físico y también formas parte de un mundo más grande. Si tenemos un *chakra coronario* poco activo, podemos sentirnos indiferentes, casi entumecidos energéticamente y desconectados, lo que se traduce en una falta de dirección y propósito en la vida.

El *chakra de la coronilla*, a diferencia de los demás *chakras*, sólo suele abrirse por completo mediante ejercicios especializados de yoga o meditación, o en momentos concretos; no es una habilidad a la que se pueda recurrir en cualquier momento. Es posible que pueda adquirir un gusto por él participando en actividades cotidianas como la meditación, la oración y los periodos de quietud. Un *chakra coronario* poco activo puede provocar confusión, deseo de dormir demasiado y apatía general ante la vida.

Un anhelo de posesiones materiales que nunca parece saciarse es un síntoma común de un *chakra coronario* hiperactivo. La codicia, la superficialidad y la arrogancia conducen con frecuencia a una pérdida de conexión con los demás y con el cosmos.

Ejercicio para equilibrar el chakra coronario: parada de cabeza

El rey de todas las *asanas*, *Sirsasana* o postura de la cabeza erguida, es una postura que requiere equilibrio sobre la cabeza/corona. Se trata de una postura de yoga difícil que sólo debe realizarse con la ayuda de un instructor de yoga. Debido a sus numerosos beneficios para la salud, esta asana es muy popular. Mejora la circulación sanguínea y garantiza que llegue suficiente sangre bien oxigenada al cerebro.

Paso 1: Arrodíllate en el suelo para empezar. Si quieres estar más cómodo, utiliza una esterilla de yoga. Junta las rodillas y los tobillos, y apunta con los pies en la misma dirección que las piernas. Con los dedos gordos de los pies tocándose, las plantas de los pies deben mirar hacia arriba.

Paso 2: Siéntese sobre las piernas y espire. Los muslos se apoyan en las pantorrillas y las nalgas en los talones. Coloque las manos sobre los muslos y mueva la pelvis hacia delante y hacia atrás hasta que sienta una sensación de satisfacción. Ahora se encuentra en *vajrasana*.

Paso 3: Inclínese hacia delante con los dedos entrelazados y los antebrazos doblados sobre el suelo. La cabeza, las manos y los pies deben crear un triángulo en el suelo.

Paso 4: Coloque la coronilla de la cabeza entre los dedos entrelazados. Estire las rodillas y los glúteos levantándolos del suelo. Acerque lentamente el tronco con los pies.

Paso 5: Doble las rodillas, manteniendo los talones cerca de las nalgas, y enderece lentamente las caderas hasta que los muslos queden perpendiculares al suelo. Enderece lentamente las rodillas y las pantorrillas hasta que todo el cuerpo esté erguido y los pies relajados.

Paso 6: Mantenga el equilibrio de su cuerpo durante unos segundos o tanto tiempo como se sienta cómodo. Los practicantes de yoga avanzados deben empezar con un minuto y aumentar gradualmente hasta al menos cinco minutos. Concéntrate en la respiración y en la parte superior de la cabeza.

Paso 7: Vuelva sobre sus pasos en la otra dirección cuando desee regresar de la postura. Dobla las piernas y vuelve a colocar los muslos en posición perpendicular lentamente.

Paso 8: Deje caer las piernas al suelo gradualmente. Siéntate un rato en *Shishuasana* (postura del niño) para recuperar el equilibrio después de estar invertido.

Paso 9: Relájate y espira.

CAPÍTULO 4: EL SEXTO CHAKRA

El tercer ojo es un *chakra* o punto energético. Está relacionado con las glándulas pineal y pituitaria del cerebro y se sitúa en la frente, entre las cejas, aunque no es una construcción física. El sistema *de chakras* funciona de forma similar al sistema de órganos del cuerpo sutil (o energético), y cada *chakra* desempeña un papel o propósito distinto. A través del tercer ojo accedemos a la claridad interior, la intuición y la previsión. Nos permite ver más allá de lo que es físicamente accesible en el presente.

Se cree que la confusión, la duda, el cinismo, la envidia y el pesimismo son síntomas de un tercer ojo o *ajna chakra* bloqueado. La fuente más elevada de energía etérea puede entrar a través de un tercer ojo abierto y vivo. El tercer ojo ve el mundo genuino -un todo unificado con un vínculo inquebrantable con el espíritu- mientras que los ojos físicos ven la limitada realidad aparente. Claridad, concentración, perspicacia, dicha, intuición, decisión y perspicacia son sólo algunos de los beneficios y habilidades que proporciona el tercer ojo. Los sueños lúcidos, la proyección astral, la calidad del sueño, el aumento de la creatividad y la visión del aura se han relacionado con el tercer ojo. Aunque los primeros buscadores del tercer ojo eran monjes y seres iluminados, estas actividades son buenas para aquellos de nosotros que llevamos una vida moderna ajetreada, corriendo hacia y desde el trabajo y las citas para jugar, mientras deseamos un poco más de calma y presencia.

Algunos incluso hemos experimentado el despertar del tercer ojo en nuestra vida cotidiana. Cuando una persona está intensamente concentrada en su trabajo, puede experimentar la activación del tercer ojo. Cuando un atleta está muy concentrado en su práctica, pensando continuamente en el juego y en cómo podría jugarlo mejor, adquiere una sensación intuitiva de dónde caerá una pelota en el aire. Un deportista de élite no necesita que un analista le diga lo que va a ocurrir a continuación; sabe intuitivamente lo que va a pasar. Incluso una persona totalmente centrada en su profesión puede predecir cómo reaccionará un cliente ante una oferta o un acontecimiento concretos. El aumento de las emisiones de ondas alfa les ayuda a predecir lo que puede ocurrir en un futuro próximo en relación con el campo en el que están intensamente concentrados.

Sin embargo, si nunca has sentido una punzada de energía en el entrecejo, visto auras o recibido un golpe intuitivo, no te preocupes. No es necesario haber nacido con habilidades especiales para utilizar la tercera vista. Sus superpoderes están al alcance de todos los que estén dispuestos a esforzarse. Al igual que para desarrollar los músculos es necesario un programa de entrenamiento específico, el desarrollo del Tercer Ojo requiere un enfoque sistemático y una práctica constante. Aunque sin duda es más sencillo tonificar los brazos que convertirse en un completo intuitivo, todos podemos beneficiarnos de ejercitar constantemente este canal de energía.

Cuando funciona a pleno rendimiento, el tercer ojo puede ayudarle a ver con claridad, eliminar bloqueos mentales y mejorar la flexibilidad mental. De hecho, en muchas culturas, el tercer ojo se considera el sentido más significativo, y activarlo se considera de suma importancia. Aunque el tercer ojo tiene la ventaja de conectarnos con nuestros instintos viscerales y permitirnos operar un paso por delante de nuestros cinco sentidos básicos, suele estar cerrado. Es entonces cuando entran en juego las ventajas de la meditación. La meditación es el método más sencillo y eficaz para despertar, vitalizar y activar el tercer ojo.

Lo mejor es empezar con un ejercicio de activación al abrir el tercer ojo. Comienza agradeciendo a tu tercer ojo tus capacidades intuitivas inherentes, así como tu arraigo a través de los ritmos circadianos de la glándula pineal. La glándula pineal conecta los sistemas endocrino y neurológico convirtiendo las señales nerviosas del sistema simpático del sistema nervioso periférico en señales hormonales. Los depósitos de calcio se acumulan en la pineal con el tiempo, calcificándola y dejándola sin valor.

El flúor también calcifica la glándula, haciéndola menos eficaz para equilibrar los procesos hormonales completos de todo el organismo, según un estudio realizado por la científica británica Jennifer Luke en la década de 1990. Actualmente, el flúor se encuentra en una amplia gama de productos, como el agua potable, los alimentos, los refrescos e incluso la pasta de dientes. El flúor es un elemento común, abundante y natural, pero también puede sintetizarse en el laboratorio. El exceso de azúcar, aditivos alimentarios y edulcorantes en la dieta, así como el uso excesivo del teléfono móvil, contribuyen a la calcificación.

Antes de empezar un nuevo régimen nutricional, acuda siempre a un terapeuta nutricional cualificado para asegurarse de que está haciendo lo que más le conviene y de que no está privando a su organismo de nutrientes esenciales.

Los alimentos que ingieres pueden ayudarte a abrir el chakra del tercer ojo. El cacao crudo, las bayas de goji, el ajo, el limón, la sandía, el anís estrellado, la miel, el aceite de coco, las semillas de cáñamo, el cilantro, el ginseng y la vitamina D3 son sólo algunos de los alimentos que se dice que ayudan a fortalecer y desintoxicar el tercer ojo.

Alimentos que hay que evitar porque provocan la calcificación de la glándula pineal:

- La acumulación de fosfato cálcico en nuestro organismo puede deberse al consumo excesivo de calcio procedente de alimentos procesados o a la ingesta de demasiados suplementos de calcio. Para evitar adquirir una cantidad excesiva de esta sustancia en tu dieta, lee los ingredientes de los artículos.

- Agua del grifo: Además de fluoruro, el suministro de agua contiene compuestos calcificados que podrían ser perjudiciales, por lo tanto, beba agua embotellada o filtrada en su lugar siempre que sea posible.

- Pesticidas: La glándula pineal puede ser envenenada por los pesticidas químicos que se encuentran en carnes y verduras. Para limitar el número de pesticidas en su dieta, elija alimentos orgánicos.

- Vigile también los productos que contengan propilenglicol, parafina, aceite mineral, butilenglicol, alcohol isopropílico y vaselina. Si un alimento contiene alguno de estos ingredientes, es hora de buscar una alternativa. En su lugar, busque aceites vegetales naturales, que aportan abundantes nutrientes sin suponer ningún riesgo para su salud.

- Azúcar, cafeína, alcohol y tabaco (S.C.A.T.) Estas drogas agotan la vitalidad del organismo y provocan la acumulación de sustancias contaminantes. Eliminarlas de su vida durante al menos dos meses puede provocar un aumento de la actividad cerebral, así como de la actividad de la glándula pineal.

Los alimentos naturales que le ayudarán a activar el tercer ojo son:

- Activador X: Se trata de un desintoxicante compuesto por vitamina K1/K2, que puede combinarse con vitamina D3 y A. Este desintoxicante puede ayudar a restablecer el equilibrio enzimático, permitiendo que el calcio salga de las arterias y entre en los huesos, donde puede utilizarse adecuadamente.

- Chocolate al natural: El cacao crudo es abundante en antioxidantes, que pueden ayudar a estimular y limpiar la glándula pineal: ¡por fin una excusa para consumir chocolate!

- Dientes de ajo: El ajo es un potente limpiador natural que también puede ayudar a eliminar el calcio del organismo. Consume de medio a dos bulbos al día: comerlos frescos o remojarlos en zumo de limón fresco o vinagre de sidra de manzana puede ayudar a enmascarar el olor.

- Agua destilada: Las toxinas que pueden estar dañando la glándula pineal pueden eliminarse bebiendo abundante agua sin flúor.

- Ácido cítrico: En ayunas, el limón crudo puede ayudar a desintoxicar la glándula pineal. Lo mejor es combinarlo con agua de manantial para evitar un exceso de ácido en los dientes.

- Vinagre de sidra de manzana: Debido al ácido málico que contiene, la adición de vinagre de sidra de manzana a sus comidas es un excelente enfoque para desintoxicar la glándula pineal.

- Aceite de coco virgen: El aceite de coco nutre todo el cuerpo humano, pero puede proporcionar el mayor impacto en términos de revitalización cerebral y desintoxicación de la glándula pineal. En el cerebro, este aceite repara las neuronas y favorece la función nerviosa.

Podemos experimentar visiones vívidas y una relajación profunda cuando se despierta la glándula pineal. Las inversiones son especialmente beneficiosas porque aumentan el flujo sanguíneo a la glándula pineal cuando está boca abajo, y tienen otros numerosos beneficios para la salud, como la mejora de la calidad del sueño.

La meditación despertará en gran medida tu glándula pineal, sobre todo si la practicas al aire libre por la mañana mientras sale el sol, o al atardecer.

Despertar la glándula pineal y disfrutar de todo su potencial requiere dedicación y trabajo. Sé paciente contigo mismo y ten en cuenta que todo lo que se produce de forma orgánica lleva más tiempo, pero las ventajas para la salud bien merecen la espera. La meditación ayuda a eliminar los venenos negativos del cuerpo, a canalizar las energías y a mejorar la concentración. La meditación también puede ayudarte a ser más consciente de ti mismo, activar tu chakra ajna, cambiar tu estado de conciencia a estados superiores con cada sesión y eliminar la ansiedad y las preocupaciones.

La meditación del tercer ojo, como cualquier otra forma de meditación, requiere que permanezcas en un entorno tranquilo. Para empezar, siéntese cómodamente en una silla o en el suelo. Mantenga la columna recta, los hombros relajados y las manos sobre las rodillas. La mandíbula, el estómago y la cara deben estar completamente relajados y abiertos a la energía positiva.

Empieza juntando suavemente los dedos índice y corazón y cerrando los ojos. A continuación, respire profundamente con suavidad. Inhale por la nariz y exhale por la boca. Intente mirar al tercer ojo, que está situado justo entre las cejas, con los ojos cerrados. También puede utilizar las yemas de los dedos para localizarlo con exactitud.

A continuación, respire profundamente varias veces y dirija su atención a este punto. Continúe haciéndolo mientras visualiza una luz blanca o blanca azulada que le rodea. Al hacerlo, entrarás en un estado trascendental de curación, en el que tu atención estará en su punto máximo.

Mantén esta postura durante 10-20 minutos. La música relajante puede ayudarte a canalizar aún más tu concentración. Después, exhala profundamente y junta las palmas de las manos frente al corazón antes de volver a la postura inicial. Parpadea con los ojos abiertos y mantén esta postura durante uno o dos segundos antes de volver a tu rutina normal. Esta sencilla acción puede obrar milagros y reparar los chakras si se realiza todos los días, por la mañana o antes de acostarse.

Respiración por fosas nasales alternas

Los nadis son delicadas líneas de energía que pueden obstruirse por diversas razones. El *pranayama Nadi Shodhan* es un método de respiración que ayuda a despejar estas vías energéticas obstruidas, calmando así la mente. Anulom Vilom pranayama es otro nombre para esta práctica. El estrés, la toxicidad en el cuerpo físico, los traumas físicos y mentales y un estilo de vida poco saludable pueden hacer que *los Nadis* se obstruyan.

Tres de los nadis más importantes del cuerpo humano son *Ida, Pingala* y *Sushumna*.

El frío, la depresión, la baja energía mental, la digestión lenta y la obstrucción de la fosa nasal izquierda son síntomas de que el *Ida nadi* no funciona correctamente o está obstruido. El calor, la irritabilidad, el picor, la sequedad de piel y garganta, el aumento del apetito, el exceso de energía física o sexual y la obstrucción de la fosa nasal derecha son síntomas de que el *Pingala nadi* no funciona correctamente o está obstruido.

El *pranayama Nadi Shodhan* (respiración nasal alterna) ayuda a calmar la mente y a prepararla para la meditación. Ayuda a mantener la mente tranquila, alegre y serena si se practica sólo unos minutos al día. Ayuda a liberar la tensión y el cansancio.

Paso 1: Siéntese cómodamente con los hombros relajados y la columna erguida. Mantenga una suave sonrisa en los labios.

Paso 2: Coloque la mano izquierda sobre la rodilla izquierda con las palmas hacia arriba o en Chin Mudra (pulgar e índice tocándose suavemente en las puntas).

Paso 3: En el entrecejo, coloque las puntas de los dedos índice y corazón de la mano derecha, los dedos anular y meñique en la fosa nasal izquierda, y el pulgar en la fosa nasal derecha. La fosa nasal izquierda se abrirá o cerrará con los dedos anular y meñique, mientras que la fosa nasal derecha se abrirá o cerrará con el pulgar.

Paso 4: Espire lentamente por la fosa nasal izquierda mientras presiona con el pulgar la fosa nasal derecha.

Paso 5: Inhale profundamente por la fosa nasal izquierda y, a continuación, presione suavemente la fosa nasal izquierda con los dedos anular y meñique. Espire por la fosa nasal derecha después de retirar el pulgar derecho de la fosa nasal derecha.

Paso 6: Inhale por la fosa nasal derecha y exhale por la izquierda. Se ha completado una ronda del pranayama Nadi Shodhan. Continúe inspirando y espirando por las fosas nasales alternas.

Paso 7: Complete 9 rondas respirando por ambas fosas nasales alternativamente. Recuerde inspirar por la misma fosa nasal por la que ha espirado después de cada exhalación. Cierre los ojos y continúe respirando larga, profunda y suavemente, sin ejercer ninguna energía ni esfuerzo.

Después de realizar *el pranayama Nadi Shodhan*, es una buena idea hacer una breve meditación. Como parte de la rutina *Padma Sadhana*, se puede utilizar esta técnica de respiración.

Además de abrir el tercer ojo, *el Nadi Shodhan Pranayama* tiene varios beneficios importantes:

- Excelente técnica para calmar y centrar la mente.

- Nuestra mente tiende a detenerse en el pasado, lamentándolo o glorificándolo, y a preocuparse por el futuro. El pranayama de Nadi Shodhan ayuda a devolver la mente al momento presente.

- Con esta técnica se pueden mejorar muchos problemas circulatorios y respiratorios.

- Alivia eficazmente el estrés acumulado en la mente y el cuerpo y ayuda a la relajación.

- Ayuda a equilibrar los hemisferios izquierdo y derecho del cerebro, que corresponden a nuestros lados intelectual y emocional.

- Purifica y equilibra los nadis, o canales sutiles de energía, permitiendo que el prana (fuerza vital) circule libremente por todo el cuerpo.

- Ayuda a mantener una temperatura corporal agradable.

Ver lo invisible

A muchas personas se les enseña desde pequeñas a no confiar en sus propios instintos. Esto pudo venir de sus padres o amigos que les convencieron de que sus sentidos no eran válidos, provocando que desconfiaran de sí mismos. Como técnica de supervivencia, los niños maltratados se desconectarán de sus *chakras* inferiores, provocando que sus chakras superiores se desarrollen en exceso. Un desequilibrio entre los chakras inferiores y superiores puede llevar a estos niños a utilizar la imaginación y la visualización para escapar de la realidad. A la larga, se convertirán en soñadores en lugar de hacedores. Para tener un *Ajna* que funcione bien, primero hay que tener equilibrados los *chakras* inferiores como ancla.

Nuestra perspectiva también está influida por el *Ajna*. Las percepciones son algo que todos compartimos. Nuestra percepción está moldeada por nuestra educación, nuestro entorno y nuestras creencias. Podemos tener problemas si la percepción se malinterpreta como intuición. La realidad no siempre es lo que creemos que es. Para equilibrar el *Ajna*, debemos cuestionar nuestras percepciones y buscar siempre la realidad, por desagradable que sea.

Se necesita tiempo para fortalecer y equilibrar el *Ajna*. Para funcionar correctamente, el Ajna necesita meditación diaria. Los resultados serán sutiles y, si no se observan, pueden pasar fácilmente desapercibidos. Cuando se trata de recuperar el equilibrio del Ajna, es fundamental aprender a confiar en tu intuición y en lo que percibes en la meditación. Comprende las distinciones entre ideas, percepciones e intuición. La intuición es un proceso natural que no tiene preferencias. El *Ajna* es un don maravilloso, y tenerlo completamente funcional te permitirá alcanzar tu máximo potencial.

Una meditación increíble para el *Ajna* se llama "Ver lo invisible". Fortalece tu intuición trabajando sobre el sexto chakra.

Paso 1: Siéntese en una posición cómoda con el brazo derecho extendido delante de usted, paralelo al suelo, y el codo recto pero no bloqueado. La palma de la mano derecha apunta hacia arriba y está ligeramente ahuecada, como si estuviera recogiendo la lluvia.

Paso 2: Con el codo a un lado y el antebrazo hacia fuera, la mano izquierda está en *Surya Mudra* (dedo anular en contacto con el pulgar).

Paso 3: Cierra los ojos y concéntrate en la punta de la barbilla.

Paso 4: Presione firmemente la punta de la lengua sobre el paladar, detrás de los dientes.

Paso 5: Repite mentalmente "*Wahe Guru*".

Paso 6: Respire larga y profundamente. Repítelo 11 veces.

Para terminar, crea garras de pantera (dobla los dedos hacia los montículos de la mano). Inhala y gira a la izquierda, luego exhala y vuelve al centro. Luego inhala y gira a la derecha, luego exhala y vuelve al centro.

Kirtan Kriya Corazón Cruzado

Paso 1: Siéntate con la columna recta en *Sukhasana* (postura fácil). Cierra los ojos un momento y ábrelos lentamente. Centra tu atención en la punta de la nariz. Meditar aquí puede ayudar a calmar el parloteo de la mente.

Paso 2: Delante del pecho, cruce los antebrazos. Prepárese para utilizar el mantra *Saa-Taa-Naa-Maa* en su trabajo. El infinito se denota con *Saa*, la vida con *Taa* y la transformación con *Naa*. *Maa* es la diosa del renacimiento.

Paso 3: Comience a cantar, *saa - taa - naa - maa,* mientras toca los dedos de la siguiente manera:

Toca las puntas de los pulgares con las puntas de los dedos índices *(saa)*.

Toca la punta de los pulgares con los dedos corazón *(taa)*.

Toca con la punta de los pulgares los dedos anulares *(naa)*.

Toca las puntas de los pulgares con los dedos meñiques *(maa)*.

Paso 4: Repítelo durante varios minutos. Para terminar, respire hondo, contenga la respiración, cierre los ojos y quédese totalmente inmóvil. Permítase relajarse. Los hemisferios estarán en equilibrio, y habrá una nueva sensación de serenidad.

Postura del arquero

Akarna Dhanurasana se traduce literalmente como "Postura del arco hacia la oreja", pero popularmente se conoce como *"Postura del arquero"* porque parece una arquera a punto de soltar su flecha. Se necesita talento y paciencia para observarse a uno mismo de esta manera. La dimensión espiritual de la práctica siempre será esquiva si el arquero sólo se preocupa de tensar la cuerda del arco y dar en el blanco, o si el yogui sólo se preocupa de adoptar la forma física de la postura.

La habilidad física y la técnica son importantes, pero al final hay que abandonar la obsesión por realizar una serie de acciones. Puedes desprenderte del esfuerzo superfluo y ocupar y expresar plenamente el presente ilimitado cultivando la estabilidad corporal, la relajación ocular y la entrega total a la respiración. *Akarna Dhanurasana,* al igual que el tiro con arco, requiere tanto fuerza como flexibilidad a nivel físico. Los ejercicios de la siguiente secuencia están diseñados para ayudarte a ganar fuerza en los brazos y el torso, así como flexibilidad en las piernas y las caderas.

Paso 1: Siéntate en la esterilla con la espalda recta, las piernas estiradas hacia delante y las palmas de las manos sobre las rodillas.

Paso 2: Flexiona la pierna derecha de forma que la planta del pie derecho toque el muslo izquierdo.

Paso 3: Inclínese hacia delante y agarre la mano izquierda con el dedo gordo del pie izquierdo mientras inhala. La otra mano debe estar apoyada en la rodilla derecha.

Paso 4: Levanta la rodilla derecha hasta apuntar al cielo y agarra el dedo gordo del pie con la mano derecha mientras avanzas.

Paso 5: Imita a un arquero llevando la pierna derecha hacia arriba y acercando la rodilla a la oreja. Como un arquero que escruta su objetivo, tu brazo derecho debe apuntar directamente a la punta del pie y tus ojos deben estar fijos en ella.

Paso 6: Mientras experimenta el estiramiento en los isquiotibiales, mantenga la postura durante 15-30 segundos.

Paso 7: Exhale lentamente y vuelva a la postura inicial. Repita la postura, esta vez estirando la pierna izquierda hacia atrás. Ya se ha completado un ciclo de la postura del Arquero. Hazlo dos veces como parte de una práctica con otras posturas.

Entonces, ¿cómo sabrá que su tercer ojo se está abriendo? Hay algunos signos reveladores.

- Aumenta la presión en la cabeza: Empezarás a sentir una presión creciente entre tus cejas, que es la indicación más común de un tercer ojo abierto. Puede ser un simple pulso o una fuerte sensación de que algo se expande en el centro de la frente. Los expertos espirituales le instan a no preocuparse por esto porque es absolutamente inofensivo y pasará con el tiempo. También afirman que puede aparecer de la nada, y que una sensación de calor en la frente, como si alguien te acariciara, es bastante común. Así que no se alarme si le ocurre.

- Mayor previsión de acontecimientos futuros: Es posible que tenga una mayor previsión de sucesos futuros. Podría tratarse simplemente de una ligera sensación en el estómago que le advierte de que algo malo está a punto de suceder. No descarte este presentimiento o intuición; en lugar de ello, déjese guiar. Al principio puede asustarte, pero en cuanto te des cuenta de que tienes un control absoluto sobre esta capacidad, te resultará más sencillo dejarte guiar por ella.

- La sensibilidad a la luz es un término que se refiere a la capacidad de una persona. A medida que aumenta tu tercer ojo, notarás que eres más sensible a la luz. Esto se debe al hecho de que está viendo el mundo bajo una luz totalmente nueva. También podrá percibir los distintos matices de los colores de una manera más vívida. Todo lo que tenga que ver con la visión y la luz se verá amplificado. Puede que el uso de gafas de sol polarizadas te ayude.

- Alteraciones graduales: Cosecharás los beneficios de tu nueva visión del mundo porque estás más en sintonía con tu yo espiritual. Te notarás más relajado, indulgente y cariñoso. Estas modificaciones pueden repercutir en tu dieta, ya que evitarás los alimentos procesados para mantener la salud de tu tercer ojo. Es posible que no puedas precisar por qué se han producido estos cambios positivos, pero confía en que tu intuición y tus capacidades espirituales te están conduciendo hacia elecciones de estilo de vida más saludables. Mantente atento a estos cambios, ya que son una señal sólida de que el poder de tu tercer ojo está aumentando.

- La Manifestación de Poderes es un término utilizado para describir la expresión de tus habilidades psíquicas internas, tu capacidad para sentir y percibir las cosas antes de que sucedan. Las habilidades psíquicas que se manifiestan en personas con un tercer ojo activo no son raras, al contrario de lo que se suele pensar. Dos de los casos más conocidos son la telepatía y la clarividencia. No debe preocuparse, por muy desconocido que le resulte. Acepta y cultiva tus capacidades.

- Ver cosas que no son inmediatamente obvias: Aunque saber y ver más que los demás puede ser una dificultad, su tercer ojo puede ayudarle a reconocer las verdades a medias y las afirmaciones llamativas. Un restaurante que ofrece un bufé de "todo lo que puedas comer" puede resultar atractivo para el común de la gente, pero para ti será similar a un estímulo para consumir más comida de la que necesitas. Esta claridad de ideas le permitirá tomar las mejores decisiones posibles.

- Mayor conciencia de uno mismo: Este tercer síntoma es uno de los que mucha gente pasa por alto. Su sentido del yo interno mejorará si su tercer ojo está abierto. Como resultado, en lugar de pensar en ti mismo como un simple ser humano con intereses, amores y aversiones, te considerarás parte del tejido del universo. Este mayor sentido de sí mismo le permitirá confiar más en sí mismo que en los demás, lo que le permitirá vivir la vida próspera que siempre ha deseado.

Si no sabes cómo lidiar con los indicadores de un tercer ojo activo, la meditación y las actividades relajantes que te permitan conectar con tu yo espiritual serán tu mejor baza. Sea cual sea el camino que elijas, recuerda que todas estas expresiones son regalos que hay que abrazar en lugar de ocultar.

CONCLUSIÓN

En la mitología india, *Shiva* es uno de los tres dioses responsables de la creación, el mantenimiento y la destrucción del mundo. *El* gurú espiritual *Sadhguru* describe el significado *del* tercer ojo *de Shiva* y cómo se abre para aportar claridad y visión. También narra cómo *Shiva* utilizó su tercer ojo para quemar *a Kama*. En la India, hay un dios llamado *Kamadeva* que es el dios del amor y la lujuria. *Kama* es la palabra sánscrita para lujuria. Según la leyenda, *Kama* se escondió detrás de un árbol y disparó a *Shiva* en el corazón con una flecha. *Shiva* se agitó. Como resultado, abrió su ardiente tercer ojo y redujo a cenizas a Kama. Esta es la versión de la historia que la mayoría de la gente conoce.

Pero piénsalo: ¿Tu lujuria viene de tu interior o de detrás de un árbol? Por supuesto, viene de tu interior. No se trata sólo del sexo opuesto cuando se trata de lujuria. Ya sea por sexualidad, poder o posición, todo deseo es lujuria. La lujuria se define como un sentimiento de insuficiencia, un anhelo de algo que te hace sentir: *"Si no lo tengo, no estoy completo"*.

El relato de *Shiva* y *Kama* adquiere así una dimensión yóguica. *Shiva* perseguía el Yoga, lo que significaba que se esforzaba no sólo por ser completo, sino también por ser infinito. *Shiva* vio acercarse a Kama, su propia lujuria, y la quemó al abrir su tercer ojo. La ceniza fluyó lentamente fuera de su cuerpo, indicando que todo lo que había en su interior había muerto finalmente. Al abrir su tercer ojo, pudo experimentar una dimensión dentro de sí mismo que está más allá de lo físico, y todas sus compulsiones corporales desaparecieron.

El tercer ojo es un ojo que puede ver cosas que no son físicas. Porque detiene y refleja la luz, puedes verlo si miras tu mano. Como el aire no bloquea la luz, no puedes verlo. Sin embargo, si hubiera una pequeña cantidad de humo en el aire, podrías verlo porque sólo se puede ver algo que impide el paso de la luz. No se puede ver nada que permita el paso de la luz. La naturaleza de los dos ojos sensoriales es la siguiente.

Lo físico puede ser captado por los ojos sensoriales. La única forma de percibir algo que no es de naturaleza física es entrar dentro de uno mismo. Cuando hablamos del "tercer ojo", nos referimos a la capacidad de ver algo que los dos ojos sensoriales no pueden ver.

Los ojos sensoriales apuntan hacia fuera. Tu interioridad -la naturaleza de ti mismo y de tu existencia- se ve a través del tercer ojo. No es un nuevo apéndice ni una grieta en el entrecejo. El tercer ojo es la dimensión de la percepción a través de la cual se puede percibir algo que está más allá de lo físico.

Serás bendecido con mayores recompensas a medida que avances en la apertura de tu tercer ojo. Para empezar, desarrollarás una intuición muy aguda y la capacidad de acceder a tu sabiduría interior.

La meditación y la apertura del tercer ojo no sólo ayudan a experimentar niveles superiores de conciencia, un mayor conocimiento de uno mismo y un dominio emocional más profundo, sino que también sintonizan con una habilidad innata que todos compartimos: la intuición. La meditación del tercer ojo se ha practicado durante generaciones en grupos culturales tradicionales de todo el mundo, que consideran la intuición como el sentido más importante del ser humano.

Al principio de tu práctica de meditación te darás cuenta de la cantidad de intelecto interior que ya tienes a tu disposición. Y una vez que empieces a notar esta sabiduría interior, tendrás toda la motivación que necesitas para seguir abriendo y activando tu tercer ojo hasta su máximo potencial.

Tu tercer ojo podrá decirte exactamente lo que necesitas para mejorar tu salud, atraer relaciones más sanas y materializar el éxito profesional y financiero. Tu intuición del tercer ojo entiende exactamente por qué elegiste esta existencia en este momento. ¿Cuánto mejor sería tu vida si pudieras recurrir a tu sabiduría interior-infinita siempre que quisieras?

Tu tercer ojo también te permitirá alinearte con la ley de la atracción y manifestar la vida que deseas. Según esta ley, atraemos aquello en lo que más creemos. Al fin y al cabo, lo semejante atrae a lo semejante, y esto es especialmente cierto cuando se trata de nuestra mente. El poder esencial del tercer ojo reside en su potencial para alterar la naturaleza de nuestras ideas en su origen. ¿Cuál es el resultado final? Disminuyen la preocupación, la ansiedad y los pensamientos negativos. Y una vez eliminado este bagaje mental, lo que lo sustituya será de primer orden, totalmente en sintonía con la omnipresente ley de la atracción.

Tus estados mentales, emocionales y físicos mejorarán a medida que tu tercer ojo se abra más y más, permitiéndote atraer almas de nivel superior a tu vida, resultando en nuevas y mejores interacciones en todos los niveles. Comenzarás a crear prosperidad tan naturalmente como respirar a medida que tu tercer ojo "activado por la meditación" ilumina la ruta hacia la conciencia superior. Como resultado, surgirá una vida más consciente, significativa y deliberada.

Por último, al abrir nuestro tercer ojo aprendemos que el amor, la paz y la alegría no pueden encontrarse fuera de nosotros mismos. Aunque estemos buscando fuentes externas que nos proporcionen más alegría, paz y amor, nuestra intuición nos aleja de estos manantiales fugaces. Nos dirige a la reserva ilimitada de amor, placer y paz que existe en nuestro interior en todo momento. Y sirve para alejarnos del anhelo incesante de más y de la miseria que experimentamos cuando no tenemos suficiente. Por último, nos empuja suavemente hacia nuestra propia fuente inagotable de amor, serenidad y alegría.

www.ingramcontent.com/pod-product-compliance
Lightning Source LLC
Chambersburg PA
CBHW070947120626

46546CB00004B/1607